Sylwia Erdmanska-Kolanczyk

Kuchen aus der Kastenform

Sylwia Erdmanska-Kolanczyk

Kuchen aus der Kastenform

50 Backrezepte
einfach, schnell und kreativ

riva

KALORIEN
schmecken
EINFACH BESSER ALS
VITAMINE

Inhalt

Fruchtig

Schokoladig

Cremig

Meine Lieblinge

Herzhaft

Vorwort

Wenn der verführerische Duft von selbst gebackenen Kuchen durch das Haus zieht, ist das *Liebe*!

Ein schön gedeckter Tisch, Servietten, Kerzenlicht, das tollste Geschirr, das der Küchenschrank hergibt, die Liebsten, die man um sich herum hat. Für mich ist das ein wunderbares Gefühl von *Heimeligkeit* und *Wohlbefinden*.

An diesen süßen Momenten des Lebens möchte ich Sie teilhaben lassen und verrate Ihnen deshalb meine *Lieblingsrezepte*.

Ich wünsche Ihnen viel Vergnügen beim Blättern, Backen und Genießen. Gönnen Sie sich und Ihren Liebsten einen liebevoll selbst gemachten Kuchen.

Denn: *Ein Leben ohne Kuchen ist möglich, aber sinnlos.*

Was noch zu beachten ist in der kleinen Backstube …

Alle Rezepte in diesem Buch werden in einer Kastenform gebacken. Für jedes Rezept wird die Form mit Backpapier ausgelegt.

Welche Backtriebmittel werden in diesem Buch verwendet?

Backpulver

Backpulver ist ein Triebmittel und sorgt dafür, dass der Teig aufgeht und aufgelockert wird. Auch das Teigvolumen wird vergrößert. Bei Kuchen mit Backpulver muss der Backofen gut vorgeheizt sein.

Natron

Natron ist ein natürliches Salz. Es hat dieselbe Wirkung wie Backpulver – aber nur, wenn bereits eine saure Zutat wie Joghurt, Quark oder Buttermilch, Zitronensaft oder Essig im Teig verwendet wird. Hat man kein Natron zu Hause, kann es durch das Backpulver ersetzt werden, da das Backpulver ohnehin Natron enthält. Umgekehrt funktioniert dies allerdings nicht – es sei denn, der Teig enthält bereits säuerliche Bestandteile.

Hefe

Keine Angst vor Hefe! Alles, was ein Hefeteig braucht, ist Ruhe, Wärme und etwas Geduld. Hefe besteht aus Hefepilzen – lebenden Mikroorganismen –, die als Gär- und Triebmittel eingesetzt werden. Durch diesen Prozess entstehen die bekannten Bläschen im Teig, die ihn aufgehen lassen und luftiger machen.

Frische Hefe oder Trockenhefe – was ist besser?

Ich persönlich bevorzuge frische Hefe, sie verleiht dem Backergebnis einen runderen Geschmack.

Trockenhefe und frische Hefe bestehen beide aus lebenden Zellen. Bei der Trockenhefe wurde nur Wasser entzogen, die Hefezellen bleiben aber dennoch lebendig.

Im Notfall kann man zu Trockenhefe greifen, das ist ja auch mal praktisch. Sie muss nicht vorab in einer Flüssigkeit aufgelöst werden, sondern kann direkt zu den trockenen Zutaten gegeben werden. Zu bedenken ist allerdings: Wenn Trockenhefe zum Einsatz kommt, muss die Ruhezeit etwas verlängert werden, damit das gewünschte Volumen erreicht und das Gebäck saftig und locker wird.

Dabei gilt: 1 Würfel Frischhefe (42 g) entspricht 2 Tütchen Trockenhefe (à 7 g).

Was ist wichtig bei der Vorbereitung von Hefeteig?

- Die Zutaten müssen Zimmertemperatur haben. Am besten holt man sie 1–2 Stunden vorher aus dem Kühlschrank.
- Hefe mag es kuschelig warm, aber nicht heiß! Folglich muss die Milch oder das Wasser lauwarm sein, aber nicht wärmer als 40 °C, sonst stirbt die Hefekultur ab und der Teig geht nicht auf.
- Die optimale Temperatur für den Trieb der Hefe liegt bei ca. 32 °C.
- Der Teig sollte gut und sorgfältig geknetet werden, damit alle Zutaten richtig vermischt werden.
- Hefeteig sollte an einem Ort mit gleichbleibend warmen Temperaturen ohne Zugluft gehen.
- Teig mit einem sauberen Geschirrtuch abdecken, so hält er die Wärme und man verhindert, dass kalte Luft einströmt, wodurch der Teig langsamer aufgehen würde. Zudem trocknet der Teig an der Oberfläche nicht aus.

ML
1000
900
800
700
600
500
400
300
200
100
Flour
500
400
300
200
100
gram
Sugar
800
700
600
500
400
300
200
100
gram

Welches Mehl ist für den Kuchen am besten geeignet?

Das richtige Mehl ist wichtig beim Backen. Es ist nicht nur für den Geschmack, sondern auch für das Gelingen der Backwaren verantwortlich.

Mehltypen mit hohen Zahlen sind schwerer zu verarbeiten, dafür aber gesünder. Generell bezeichnen die verschiedenen Nummern der Mehltypen die Anzahl der enthaltenen Nährstoffe in Milligramm auf 100 Gramm Mehl. Je kleiner die Zahl, desto weniger Mineralstoffe enthält das Mehl, und desto heller ist es auch.

Weizenmehl Type 405

Dieses Mehl verwende ich am häufigsten. Es eignet sich hervorragend für feine Backwaren wie Kuchen, Biskuit und Plätzchen.

Weizenmehl Type 550

Dieses Mehl ist etwas dunkler als Type 405 und enthält mehr Schalen. Es eignet sich bestens für Brötchen, helles Weißbrot und Kleingebäck. Der Unterschied zum Mehl Type 405 besteht eigentlich nur im etwas höheren Mineralstoffgehalt.

Dinkelmehl Type 630

Dieses Dinkelmehl entspricht etwa Weizenmehl Type 405, nur das verwendete Getreide ist ein wenig anders. Mit seiner leicht nussigen Note eignet sich Dinkel gut für helles Gebäck und Weißbrot. Dinkel wird auch immer häufiger alternativ zu Weizenmehl eingesetzt.

Kartoffelmehl

Kartoffelmehl verwende ich oft in Kombination mit Weizenmehl. Dadurch wird der Teig luftiger und leichter. Es besteht aus der Stärke, die aus Kartoffeln gewonnen wurde, und ist geschmacksneutral.

Kartoffelmehl gibt es in jedem Supermarkt, meist in der Nähe des Mehls!

Was ist außerdem noch wichtig?

Alle Kuchen in diesem Buch werden mit Ober-/Unterhitze auf der mittleren Schiene gebacken und sind für eine klassische Kaiser-Kastenform mit den Maßen 30 × 11 × 8 cm ausgelegt.

Die angegebenen Backzeiten sind Richtwerte. Jeder Backofen backt etwas anders. Deswegen beim Backen immer den Kuchen im Auge behalten und gute 10 Minuten vor Ablauf der angegebenen Zeit eine Stäbchenprobe machen. Dazu ein Holzstäbchen in die Mitte des Teiges stecken und wieder herausziehen. Wenn kein Teig kleben bleibt, ist der Kuchen fertig.

Ein kleiner Tipp von mir: Verwenden Sie hochwertige Zutaten aus biologischem Anbau oder regionale Produkte, schmecken die Kuchen noch verführerischer.

Lemon Tree

Fruchtig

folgenden Beobachtungen mit
dem Tische stand“ —

Aromatischer Apfel-Zimt-Kuchen

ZUTATEN

600 g Äpfel
4 Eier Größe M
250 g brauner Zucker
225 g neutrales Speiseöl
275 g Weizenmehl
35 g Haferflocken
abgeriebene Schale von 1 Bio-Zitrone oder -Orange
1 EL flüssiger Honig
2 TL Backpulver
½ TL Natron
1 TL Zimt

AUSSERDEM

2 EL brauner Zucker

1. Alle Zutaten sollen Zimmertemperatur haben.
2. Die Äpfel schälen und in kleine Würfel schneiden.
3. Eier und Zucker mit dem Handrührgerät schaumig rühren, dann langsam das Öl dazugeben.
4. Übrige Zutaten hinzufügen und alles gut vermengen.
5. Die Form mit Backpapier auslegen und den Teig hineinfüllen, glatt streichen.
6. Im vorgeheizten Backofen bei 180 °C Ober-/Unterhitze ca. 50–60 Minuten backen.
7. Stäbchenprobe machen, Kuchen aus dem Ofen nehmen und auskühlen lassen.

TIPP: Den Kuchen mit Karamellsauce überziehen.

Banana Bread

ZUTATEN

3 reife Bananen
60 g Walnüsse
2 Eier Größe M
120 g Zucker
100 ml neutrales Speiseöl
250 g Weizenmehl
2 TL Backpulver
1 TL Vanilleextrakt
½ TL Zimt
50 g Schokodrops

AUSSERDEM

1 Banane

1. Die reifen Bananen klein schneiden und pürieren und die Nüsse klein hacken.
2. Eier und Zucker mit dem Handrührgerät schaumig rühren, dann langsam das Öl dazugeben.
3. Übrige Zutaten hinzufügen und die Zutaten gut vermengen.
4. Teig in eine mit Backpapier ausgelegte Form geben und glatt streichen.
5. Die Banane längs in zwei Hälften schneiden und oben auf den Teig legen.
6. Im vorgeheizten Backofen bei 180 °C Ober-/Unterhitze ca. 50–60 Minuten backen.
7. Stäbchenprobe machen und Kuchen aus dem Ofen nehmen.

Blaubeerkuchen

ZUTATEN

FÜR DEN TEIG

200 g Butter

4 Eier Größe M

160 g Zucker

160 g Weizenmehl

90 g Kartoffelmehl

abgeriebene Schale von 1 Bio-Zitrone

1 TL Backpulver

1 Pck. Vanillezucker

100 g Blaubeeren

FÜR DEN GUSS

3–4 EL Puderzucker

3–4 EL Zitronensaft

1. Die Eier sollen Zimmertemperatur haben.
2. Die Butter schmelzen und abkühlen lassen.
3. Eier und Zucker mit dem Handrührgerät schaumig rühren und dann die restlichen Zutaten hinzufügen und unterrühren.
4. Teig in eine mit Backpapier ausgelegte Form geben und glatt streichen, danach Blaubeeren auf dem Teig verteilen.
5. Im vorgeheizten Backofen bei 180 °C Ober-/Unterhitze ca. 45 Minuten backen.
6. Stäbchenprobe machen, Kuchen aus dem Ofen nehmen und auskühlen lassen.
7. Puderzucker mit dem Zitronensaft glatt rühren, ggf. etwas mehr Puderzucker oder Zitronensaft hinzufügen. Es sollte ein recht dickflüssiger Zuckerguss entstehen.
8. Den Zitronen-Zuckerguss auf dem Kuchen verteilen.

Erdbeer-Hefekuchen

ZUTATEN

FÜR DEN TEIG

300 g Weizenmehl
25 g frische Hefe
45 g Zucker
1 Pck. Vanillezucker
125 ml Milch
1 Ei Größe M
50 g Butter
ca. 200 g Erdbeeren

FÜR DIE STREUSEL

2 EL Butter
2 EL Zucker
2 EL Mehl
1 Pck. Vanillezucker

AUSSERDEM

1 Ei

1. Die Zutaten sollen Zimmertemperatur haben.
2. Das Mehl in eine Schüssel sieben, in die Mitte eine Vertiefung drücken.
3. Die Hefe zerbröckeln, mit 1 TL Zucker und 50 ml lauwarmer Milch verquirlen, in die Vertiefung gießen und zugedeckt an einem warmen Ort ca. 10–15 Minuten gehen lassen.
4. Butter schmelzen und abkühlen lassen.
5. Anschließend alle anderen Kuchenzutaten außer den Erdbeeren zugeben und alles mit den Knethaken des Handrührgeräts, alternativ in der Küchenmaschine oder auch mit den Händen, gut verkneten, bis ein geschmeidiger Teig entstanden ist.
6. Den Teig abgedeckt an einem warmen Ort gehen lassen, bis er sein Volumen verdoppelt hat.
7. Inzwischen Erdbeeren waschen, trocken tupfen und in Scheiben schneiden.
8. Die Zutaten für die Streusel in einer Rührschüssel zu groben Streuseln verarbeiten.
9. Nach der Ruhezeit den Teig auf einer mit Mehl bestreuten Arbeitsfläche leicht durchkneten.
10. Anschließend in die mit Backpapier ausgelegte Form geben und erneut abgedeckt für ca. 20 Minuten gehen lassen.

11. Den Teig vorsichtig mit verquirltem Ei (Zimmertemperatur) bestreichen und mit Erdbeeren und Streuseln dekorieren.
12. Im vorgeheizten Backofen bei 180 °C Ober-/ Unterhitze ca. 40 Minuten goldbraun backen.

Ingwer-Birnen-Kuchen

ZUTATEN

200 g weiche Butter
175 g Zucker
3 Eier Größe M
175 g Weizenmehl
1 TL Backpulver
½ TL Natron
3 TL fein geriebener Ingwer
1 Pck. Vanillezucker
3 reife, nicht zu weiche Birnen
2 EL Mandelblättchen (optional)

1. Die Butter schaumig rühren und den Zucker und die Eier einrühren.
2. Die restlichen Zutaten hinzufügen und alles gut vermengen.
3. Teig in eine mit Backpapier ausgelegte Form geben und glatt streichen.
4. Die Birnen schälen und in den Teig setzen.
5. Den Kuchen mit Mandelblättchen bestreuen.
6. Im vorgeheizten Backofen bei 180 °C Ober-/Unterhitze ca. 45 Minuten backen.
7. Stäbchenprobe machen, Kuchen aus dem Ofen nehmen und auskühlen lassen.

Joghurtkuchen mit frischen Beeren

ZUTATEN

FÜR DEN TEIG

3 Eier Größe M
200 g Zucker
200 ml neutrales Speiseöl
350 g Weizenmehl
1½ TL Backpulver
200 g Naturjoghurt, 3,5 %
1 Pck. Vanillezucker

AUSSERDEM

ca. 125 g Blaubeeren oder Brombeeren

FÜR DIE STREUSEL

2 EL Butter
2 EL Zucker
2 EL Mehl
1 Pck. Vanillezucker

1. Alle Zutaten sollen Zimmertemperatur haben.
2. Die Eier und den Zucker mit dem Handrührgerät schaumig rühren.
3. Langsam das Öl dazugeben.
4. Übrige Zutaten hinzufügen und die Zutaten gut vermengen.
5. Den Teig in die mit Backpapier ausgelegte Form füllen, glatt streichen.
6. Mit Beeren bestreuen.
7. Die Zutaten für die Streusel zu groben Streuseln verarbeiten und auf dem Kuchen verteilen.
8. Im vorgeheizten Backofen bei 180 °C Ober-/Unterhitze ca. 50 Minuten backen.
9. Stäbchenprobe machen, Kuchen aus dem Ofen nehmen und auskühlen lassen.

Kirschlikuchen

ZUTATEN

200 g Butter
4 Eier Größe M
160 g Zucker
160 g Weizenmehl
90 g Kartoffelmehl
1 TL Backpulver
1 Pck. Vanillezucker
80 g Schokotröpfchen
ca. 180 g Kirschen aus dem Glas

AUSSERDEM

3–4 EL Puderzucker

1. Die Eier sollen Zimmertemperatur haben.
2. Die Butter schmelzen und abkühlen lassen.
3. Die Eier und den Zucker mit dem Handrührgerät schaumig rühren, dann die restlichen Zutaten außer den Kirschen hinzufügen und unterrühren.
4. Zum Schluss vorsichtig die Schokoladentröpfchen unterheben.
5. Teig in eine mit Backpapier ausgelegte Form geben, glatt streichen und die abgetropften Kirschen auf dem Teig verteilen.
6. Im vorgeheizten Backofen bei 180 °C Ober-/Unterhitze ca. 45 Minuten backen.
7. Stäbchenprobe machen, Kuchen aus dem Ofen nehmen und anschließend mit Puderzucker bestreuen.

FOLGE DEINEM
Herzen UND
DU KOMMST IMMER

Kokos-Apfel-Kuchen

ZUTATEN

FÜR DEN TEIG

3–4 Äpfel
2 EL Zitronensaft
125 g weiche Butter
100 g Zucker
3 Eier Größe M
200 g Weizenmehl
2 TL Backpulver
50 g Kokosraspel
100 ml Milch

FÜR DEN GUSS

120 g Puderzucker
2–3 EL Kokosmilch
2–3 EL Kokosraspel

1. Die Äpfel schälen, halbieren, entkernen und die Viertel fächerförmig einschneiden, anschließend mit Zitronensaft beträufeln.
2. Die Butter zusammen mit dem Zucker cremig rühren.
3. Die restlichen Zutaten hinzufügen und unterrühren.
4. Teig in eine mit Backpapier ausgelegte Form geben und glatt streichen.
5. Die Apfelviertel nebeneinander auf den Teig legen.
6. Im vorgeheizten Backofen bei 180 °C Ober-/Unterhitze ca. 40 Minuten backen.
7. Stäbchenprobe machen, Kuchen aus dem Ofen nehmen und auskühlen lassen.
8. Für den Guss Puderzucker mit Kokosmilch glatt rühren.
9. Ggf. etwas mehr Puderzucker oder Kokosmilch hinzufügen. Es sollte ein recht dickflüssiger Zuckerguss entstehen.
10. Den Guss auf dem Kuchen verteilen. Mit Kokosraspeln bestreuen.

Mandarinen-Schmand-Kuchen

ZUTATEN

FÜR DEN MÜRBETEIG

150 g Weizenmehl
75 g kalte Butter
1 Ei Größe M
75 g Zucker
1 TL Backpulver
1 Pck. Vanillezucker

FÜR DIE FÜLLUNG

2 Pck. Vanillepuddingpulver
½ l Milch
125 g Zucker
1 Ei Größe M
600 g Schmand
1 Dose Mandarinen (ca. 175 g)

FÜR DEN GUSS

1 Pck. klarer Tortenguss

1. Alle Zutaten für den Mürbeteig mit den Händen zu einem glatten Teig verarbeiten, zu einer Kugel formen und flach drücken. In Klarsichtfolie verpackt ca. 1 Stunde kalt stellen.
2. Für die Füllung das Puddingpulver mit Milch und Zucker nach Packungsanleitung zubereiten. In eine Schüssel umfüllen, mit Klarsichtfolie abdecken und auskühlen lassen.
3. Pudding mit Schmand und Ei glatt rühren, in die Form füllen und glatt streichen. Mandarinen abtropfen lassen, die Hälfte unterrühren.
4. Den Mürbeteig in die mit Backpapier ausgelegte Form hineindrücken und einen leichten Rand hochziehen. Die Schmandmasse einfüllen, glatt streichen. Mit den restlichen Mandarinen dekorieren.
5. Kuchen im vorgeheizten Backofen bei Ober-/Unterhitze bei 170 °C ca. 70 Minuten backen Nach der Hälfte der Zeit den Kuchen mit Backpapier bedecken, damit er nicht zu braun wird. Stäbchenprobe machen, Kuchen aus dem Ofen nehmen und den Kuchen komplett abkühlen lassen.
6. Tortenguss nach Packungsanleitung zubereiten und den abgekühlten Kuchen damit überziehen. Den Kuchen mindestens für 1–2 Stunden in den Kühlschrank stellen.

Orangen-Erdbeer-marmelade-Zopf

ZUTATEN

FÜR DEN TEIG

300 g Weizenmehl
25 g frische Hefe
45 g Zucker
125 ml Milch
1 Ei Größe M
50 g Butter
1 Pck. Bourbon-Vanillezucker

ZUM BESTREICHEN

200 g Erdbeermarmelade
1 Ei

FÜR DEN ZUCKERGUSS

3–4 EL Puderzucker
2–3 EL Orangensaft

1. Die Zutaten sollen Zimmertemperatur haben.
2. Das Mehl in eine Schüssel sieben, in die Mitte eine Vertiefung drücken.
3. Die Hefe zerbröckeln, mit 1 TL Zucker und 50 ml lauwarmer Milch verquirlen, in die Vertiefung gießen und zugedeckt an einem warmen Ort ca. 10–15 Minuten gehen lassen.
4. Butter schmelzen und abkühlen lassen. Anschließend mit allen restlichen Zutaten mit den Knethaken des Handrührgeräts, alternativ in der Küchenmaschine oder auch mit den Händen, gut verkneten, bis ein geschmeidiger Teig entstanden ist.
5. Den Teig abgedeckt an einem warmen Ort gehen lassen, bis er sein Volumen verdoppelt hat.
6. Nach der Ruhezeit den Teig auf einer mit Mehl bestreuten Arbeitsfläche leicht durchkneten.
7. Anschließend mit einem Nudelholz zu einem Rechteck in der Länge der Form ausrollen. Mit Marmelade gleichmäßig bestreichen.
8. Teig von der langen Seite eng aufrollen und mit einem scharfen Messer der Länge nach halbieren. Die beiden Stränge zu einem Zopf drehen, Enden andrücken.

9. Anschließend in die mit Backpapier ausgelegte Form geben und erneut abgedeckt für ca. 20 Minuten gehen lassen.
10. Den Teig mit vorsichtig verquirltem Ei (Zimmertemperatur) bestreichen.
11. Im vorgeheizten Backofen bei 180 °C Ober-/Unterhitze ca. 35–40 Minuten goldbraun backen.
12. Kuchen aus dem Ofen nehmen und abkühlen lassen.
13. Für den Zuckerguss den Puderzucker mit dem Orangensaft glatt rühren.
14. Ggf. etwas mehr Puderzucker oder Orangensaft hinzufügen. Es sollte ein recht dickflüssiger Zuckerguss entstehen.
15. Den Orangen-Zuckerguss auf dem Kuchen verteilen.

TIPPS:

Statt Erdbeer- kann auch jede Lieblingsmarmelade verwendet werden. Nach dem Garnieren mit Zuckerguss kann der Kuchen zusätzlich mit Orangeat bestreut werden.

Orangenkuchen mit frischer Orangencreme

ZUTATEN

FÜR DEN TEIG

200 g Butter

4 Eier Größe M

200 g Zucker

160 g Weizenmehl

90 g Kartoffelmehl

1 Pck. Vanillezucker

1 TL Backpulver

2 EL Orangensaft

abgeriebene Schale von 1 Bio-Orange

FÜR DIE CREME

125 g Mascarpone

250 g Speisequark

ca. 80 g Zucker (nach Geschmack)

1 EL Orangensaft

1 TL geriebene Orangenschale

1–2 Scheiben frische Orange zum Dekorieren

1. Die Eier sollen Zimmertemperatur haben.
2. Die Butter schmelzen und abkühlen lassen.
3. Die Eier und den Zucker mit dem Handrührgerät schaumig rühren, anschließend die restlichen Zutaten hinzufügen und unterrühren.
4. Teig in eine mit Backpapier ausgelegte Form geben und glatt streichen.
5. Im vorgeheizten Backofen bei 180 °C Ober-/Unterhitze ca. 45 Minuten backen.
6. Stäbchenprobe machen, Kuchen aus dem Ofen nehmen und auskühlen lassen.
7. Für die Creme alle Zutaten glatt rühren und auf dem Kuchen verstreichen.
8. Mit frischen Orangen dekorieren.

Rhabarber-Baiser-Kuchen

ZUTATEN

FÜR DEN TEIG

ca. 120 g Rhabarberstängel
200 g weiche Butter
4 Eier Größe M
200 g Weizenmehl
150 g Puderzucker
1 TL Backpulver
1 Pck. Vanillezucker

FÜR DAS BAISER

3 Eiweiß
1 Prise Salz
150 g Zucker
2 TL Kartoffelmehl

1. Rhabarber schälen, in etwa 1 cm breite Stücke schneiden.
2. Die Butter cremig rühren.
3. Die restlichen Zutaten hinzufügen und alles zusammen gut vermengen, anschließend die Rhabarberstücke unter den Teig heben.
4. Teig in eine mit Backpapier ausgelegte Form geben und glatt streichen.
5. Kuchen im vorgeheizten Backofen bei 180 °C Ober-/Unterhitze ca. 20 Minuten backen.
6. In der Zwischenzeit Eiweiß in einer sauberen Schüssel mit Salz steif schlagen. Sobald das Eiweiß aufschäumt, den Zucker sowie das Mehl langsam einrieseln lassen. So lange steif schlagen, bis eine schnittfeste Masse entsteht.
7. Den Kuchen aus dem Ofen nehmen, die Baisermasse auf den Kuchen geben und in Wellenbewegungen verstreichen.
8. Anschließend den Kuchen weitere 20 Minuten backen.
9. Stäbchenprobe machen, Kuchen aus dem Ofen nehmen und auskühlen lassen.

Saftiger Apfelkuchen

ZUTATEN

1 kg Äpfel
1 Pck. Vanillezucker
1 TL Zimt
abgeriebene Schale und Saft von 1 Bio-Zitrone
4 Eier Größe M
200 g Zucker
250 g neutrales Speiseöl
250 g Weizenmehl
2 TL Backpulver

AUSSERDEM

2–3 EL Mandelblättchen

1. Äpfel waschen, schälen, vierteln und in dünne Scheiben schneiden.
2. In eine Schüssel geben und mit Vanillezucker, Zimt, Zitronensaft und Zitronenschale vermischen.
3. Eier mit dem Zucker schaumig schlagen und nach und nach Öl unter Rühren zufügen.
4. Mehl und Backpulver hinzufügen und unterrühren.
5. Die Hälfte des Teiges in die mit Backpapier ausgelegte Form geben. Die Hälfte der Äpfel auf dem Teig verteilen. Die Apfelstücke mit dem restlichen Teig bedecken und darüber weitere Apfelstücke verteilen. Mit Mandelblättchen bestreuen.
6. Im vorgeheizten Backofen bei 170 °C Ober-/Unterhitze ca. 70 Minuten backen.
7. Nach der Hälfte der Zeit den Kuchen mit Backpapier bedecken, damit er nicht zu braun wird.
8. Stäbchenprobe machen, Kuchen aus dem Ofen nehmen und auskühlen lassen.

Schneller Obstkuchen

...so schön fluffig!

ZUTATEN

180 g weiche Butter
180 g Puderzucker
3 Eier Größe M
150 g Naturjoghurt, 3,5 %
300 g Weizenmehl
2 TL Backpulver
1 Pck. Vanillezucker
ca. 150 g Kirschen zum Dekorieren

1. Die Zutaten sollen Zimmertemperatur haben.
2. Die Butter schaumig rühren und den Zucker und die Eier einrühren.
3. Die restlichen Zutaten außer den Kirschen hinzufügen und alles gut vermengen.
4. Teig in eine mit Backpapier ausgelegte Form geben und glatt streichen, anschließend mit Kirschen dekorieren.
5. Im vorgeheizten Backofen bei 180 °C Ober-/Unterhitze ca. 45 Minuten backen.
6. Stäbchenprobe machen, Kuchen aus dem Ofen nehmen und auskühlen lassen.

TIPP:
Statt Kirschen eignet sich auch anderes Obst wie Himbeeren, Rhabarber, Nektarinen etc.

Schoko-Bananen-Kuchen

... himmlisch saftig!

ZUTATEN

FÜR DEN TEIG

300 g Bananen
200 ml Naturjoghurt, 3,5 %
200 g Zucker
200 g weiche Butter
3 Eier Größe M
250 g Weizenmehl
1½ TL Natron
1 TL Zimt
½ TL Salz
55 g Backkakao

FÜR DAS TOPPING

250 ml Schlagsahne
150 g Zartbitterschokolade

AUSSERDEM

Schokoladeraspel (optional)

1. Zuerst für das Topping die Sahne in einen Topf kurz aufkochen lassen. Vom Herd nehmen, die Schokolade in kleine Stücke brechen und in der heißen Sahne unter Rühren auflösen. Die Masse für 3 Stunden kalt stellen.
2. Die geschälten und in Stücke geschnittenen Bananen zusammen mit dem Naturjoghurt mit einem Stabmixer pürieren.
3. Zucker, Butter und Eier mit einem Handrührgerät schaumig schlagen.
4. Die restlichen Zutaten hinzufügen und unterrühren.
5. Teig in eine mit Backpapier ausgelegte Form geben und glatt streichen.
6. Im vorgeheizten Backofen bei 180 °C Ober-/Unterhitze ca. 55 Minuten backen.
7. Stäbchenprobe machen, Kuchen aus dem Ofen nehmen und auskühlen lassen.
8. In der Zwischenzeit für das Topping die Schokoladensahne kurz mit dem Mixer steif schlagen. Bei Bedarf mit etwas Zucker süßen und auf dem Kuchen glatt auftragen.
9. Den Kuchen für ca. 30 Minuten kalt stellen.
10. Optional mit geraspelter Schokolade dekorieren.

Stachelbeer-Rhabarber-Käsekuchen

ZUTATEN

FÜR DEN TEIG

225 g Mehl
150 g kalte Butter
1 Ei Größe M
110 g Zucker
1 TL Backpulver

FÜR DIE FÜLLUNG

750 g Speisequark
110 g Zucker
1 Ei Größe M
1 Pck. Vanillepuddingpulver
1 Pck. Vanillezucker

AUSSERDEM

1 dünne Stange Rhabarber, geputzt und in ca. 1 cm dicke Stücke geschnitten
100 g Stachelbeeren
2–3 EL Puderzucker

1. Alle Teigzutaten zu einer glatten Masse verarbeiten.
2. Anschließend zu einer Kugel formen, etwas flach drücken. Teig in Frischhaltefolie gewickelt etwa 30 Minuten kalt stellen.
3. Die Backform mit Backpapier auskleiden. Gut die Hälfte des Teiges in der Form zu einem glatten Boden andrücken, den restlichen Teig kalt stellen.
4. Die Zutaten für die Füllung in einer Rührschüssel mit einem Mixer zügig verrühren.
5. Füllung auf dem Teigboden verstreichen. Die Rhabarberstücke und die Stachelbeeren darauf verteilen.
6. Den restlichen Teig zu Streuseln verarbeiten und auf das Obst streuen.
7. Im vorgeheizten Backofen bei 180 °C Ober-/Unterhitze ca. 45–50 Minuten backen.
8. Kuchen aus dem Ofen nehmen, auskühlen lassen und dann mit Puderzucker bestreuen.

Vanillekuchen mit Himbeerguss

ZUTATEN

FÜR DEN TEIG

4 Eier Größe M
150 g Puderzucker
200 g Weizenmehl
200 g weiche Butter
1 TL Backpulver
Mark einer Vanilleschote (alternativ 1 TL Vanillepaste)

FÜR DEN GUSS UND DIE DEKO

80 g Himbeeren
130 g Puderzucker
1–2 EL Zitronensaft
einige Himbeeren zum Dekorieren

1. Eier und Zucker mit dem Handrührgerät schaumig rühren, dann die restlichen Zutaten hinzufügen und unterrühren.
2. Teig in eine mit Backpapier ausgelegte Form geben und glatt streichen.
3. Im vorgeheizten Backofen bei 180 °C Ober-/Unterhitze ca. 40 Minuten backen.
4. Stäbchenprobe machen, Kuchen aus dem Ofen nehmen und auskühlen lassen.
5. Himbeeren mit einer Gabel zerdrücken.
6. Puderzucker mit etwas Wasser glatt rühren, zerdrückte Himbeeren unterrühren.
7. Ggf. noch mehr Puderzucker oder Zitronensaft hinzufügen. Es sollte ein recht dickflüssiger Zuckerguss entstehen.
8. Den Himbeer-Zuckerguss auf dem Kuchen verteilen und mit den restlichen Himbeeren dekorieren.

Lemon Tree
(Citrus x limon)

Zitronen-Mohn-Kuchen

ZUTATEN

FÜR DEN TEIG

200 g Butter
4 Eier Größe M
200 g Zucker
160 g Weizenmehl
90 g Kartoffelmehl
1 Pck. Vanillezucker
1 TL Backpulver
2 EL Zitronensaft
abgeriebene Schale von 1 Bio-Zitrone
60 g gemahlene Mohnsamen

FÜR DEN GUSS

100 g Puderzucker
4 EL Zitronensaft
1 EL gemahlene Mohnsamen

1. Die Eier sollen Zimmertemperatur haben.
2. Die Butter schmelzen und abkühlen lassen.
3. Die Eier und den Zucker mit dem Handrührgerät schaumig rühren, dann die restlichen Zutaten hinzufügen und unterrühren.
4. Teig in eine mit Backpapier ausgelegte Form geben und glatt streichen.
5. Im vorgeheizten Backofen bei 180 °C Ober-/Unterhitze ca. 45 Minuten backen.
6. Kuchen aus dem Ofen nehmen und auskühlen lassen.
7. Puderzucker mit dem Zitronensaft glatt rühren.
8. Ggf. etwas mehr Puderzucker oder Zitronensaft hinzufügen. Es sollte ein recht dickflüssiger Zuckerguss entstehen.
9. Den Zitronen-Zuckerguss auf dem Kuchen verteilen. Mit Mohnsamen bestreuen.
10. Optional mit frischen Zitronenvierteln dekorieren.

Zitronenkuchen

ZUTATEN

4 Eier Größe M
200 g Butter
200 g Zucker
160 g Weizenmehl
90 g Kartoffelmehl
1 Pck. Vanillezucker
1 TL Backpulver
2 EL Zitronensaft
abgeriebene Schale von 1 Bio-Zitrone

AUSSERDEM

2–3 EL Puderzucker

1. Die Eier sollen Zimmertemperatur haben.
2. Die Butter schmelzen und abkühlen lassen.
3. Die Eier und den Zucker mit dem Handrührgerät schaumig rühren.
4. Die restlichen Zutaten hinzufügen und unterrühren.
5. Teig in eine mit Backpapier ausgelegte Form geben und glatt streichen.
6. Im vorgeheizten Backofen bei 180 °C ca. 45 Minuten backen.
7. Kuchen aus dem Ofen nehmen und auskühlen lassen, anschließend mit Puderzucker bestreuen.

Schokoladig

Köstlicher Schokokusskuchen

ZUTATEN

100 g Vollmilchschokolade
200 g Butter
2 EL Milch
5 Eier Größe M
200 g Zucker
250 g Weizenmehl
30 g Backkakao
2 TL Backpulver

AUSSERDEM

200 g Zartbitterschokolade
6 kleine Schokoküsse

1. Die Schokolade klein hacken.
2. Butter in einem Topf langsam schmelzen und abkühlen lassen und die Milch hinzufügen.
3. Eier mit Zucker schaumig schlagen.
4. Anschließend die restlichen Zutaten sowie die klein gehackte Schokolade hinzugeben und alles gut verrühren.
5. Den Teig in die mit Backpapier ausgelegte Form füllen, glatt streichen.
6. Im vorgeheizten Backofen bei 180 °C Ober-/Unterhitze ca. 45 Minuten backen.
7. Stäbchenprobe machen, Kuchen aus dem Ofen nehmen und auskühlen lassen.
8. Die Schokolade schmelzen lassen und den Kuchen garnieren.
9. Anschließend mit Schokoküssen dekorieren, diese leicht andrücken.

TIPP:
Man kann die kleinen Schokoküsse mit Zuckeraugen dekorieren, die man ganz einfach mit Zuckerguss aufklebt.

Marmorkuchen

ZUTATEN

FÜR DEN TEIG

4 Eier Größe M
130 g Zucker
150 g neutrales Speiseöl
160 g Weizenmehl
110 g Kartoffelmehl
1 TL Backpulver
1 Pck. Vanillezucker
15 g Backkakao
3 EL Milch

FÜR DEN GUSS

200 g Zartbitterschokolade

1. Die Eier schaumig rühren.
2. Anschließend den Zucker langsam einrieseln lassen und weiter cremig rühren.
3. Nach und nach Öl unter Rühren zufügen, Mehl, Backpulver und Vanillezucker portionsweise unterrühren.
4. Zwei Drittel des Teiges in die mit Backpapier ausgelegte Form füllen und glatt streichen.
5. Unter den restlichen Teig Kakao und 3 EL Milch rühren.
6. Dunklen Teig auf den hellen Teig in die Form füllen, verstreichen und mit einer Gabel spiralförmig unterheben, sodass ein Marmormuster entsteht.
7. Im vorgeheizten Backofen bei 180 °C Ober-/Unterhitze 40–45 Minuten backen.
8. Stäbchenprobe machen, Kuchen aus dem Ofen nehmen und auskühlen lassen.
9. Für den Guss die Schokolade schmelzen lassen und den Kuchen mit der Schokolade bestreichen.

Partykuchen mit bunten Smarties

ZUTATEN

FÜR DEN TEIG

5 Eier Größe M
200 g Puderzucker
180 ml neutrales Speiseöl
300 g Weizenmehl
2 TL Backpulver
1 Pck. Vanillezucker
100 ml Zitronensaft
2 EL Backkakao
3 EL Milch

FÜR DEN GUSS

200 g Zartbitterschokolade
100 g bunte Schokolinsen

1. Die Eier schaumig rühren.
2. Anschließend den Zucker langsam einrieseln lassen und weiter cremig rühren.
3. Nach und nach Öl unter Rühren zufügen.
4. Mehl, Backpulver und Vanillezucker portionsweise unterrühren.
5. Zwei Drittel des Teiges in die mit Backpapier ausgelegte Form füllen und glatt streichen.
6. Unter den restlichen Teig Kakao und Milch rühren.
7. Dunklen Teig auf den hellen Teig in die Form füllen, verstreichen und mit einer Gabel spiralförmig unterheben, sodass ein Marmormuster entsteht.
8. Im vorgeheizten Backofen bei 180 °C Ober-/Unterhitze 40–45 Minuten backen.
9. Stäbchenprobe machen, Kuchen aus dem Ofen nehmen und auskühlen.
10. Für den Guss die Schokolade schmelzen lassen, den Kuchen mit der Schokolade bestreichen und mit bunten Schokolinsen dekorieren.

Schokoladenkuchen

ZUTATEN

FÜR DEN TEIG

100 g Zartbitterschokolade
80 g Butter
125 ml Milch
2 Eier Größe M
150 g Zucker
150 g Weizenmehl
1 TL Backpulver
1 Pck. Vanillezucker

FÜR DEN GUSS

200 g Zartbitterschokolade

1. Schokolade klein hacken und mit Butter in einem Topf langsam schmelzen lassen, dabei die ganze Zeit rühren. Leicht abkühlen lassen und die Milch hinzufügen.
2. Eier mit Zucker schaumig schlagen.
3. Schokomasse hinzugeben und verrühren.
4. Anschließend mit Mehl, Backpulver und Vanillezucker vermengen.
5. Die Form mit Backpapier auslegen, den Teig in die Form füllen und glatt streichen.
6. Im vorgeheizten Backofen bei 180 °C Ober-/Unterhitze ca. 45 Minuten backen.
7. Stäbchenprobe machen, Kuchen aus dem Ofen nehmen und auskühlen lassen.
8. Die Schokolade schmelzen lassen und den Kuchen beträufeln/garnieren.

Süßes Hefebrot mit Schokowirbel

ZUTATEN

300 g Weizenmehl
25 g frische Hefe
45 g Zucker
125 ml Milch
50 g Butter
1 Ei Größe M
1 Pck. Vanillezucker

AUSSERDEM

2–3 EL Backkakao
2 EL lauwarme Milch
1 Ei zum Bestreichen

1. Die Zutaten sollen Zimmertemperatur haben.
2. Das Mehl in eine Schüssel sieben, in die Mitte eine Vertiefung drücken.
3. Die Hefe zerbröckeln, mit 1 TL Zucker und 50 ml lauwarmer Milch verquirlen, in die Vertiefung gießen und zugedeckt an einem warmen Ort ca. 10–15 Minuten gehen lassen.
4. Butter schmelzen und abkühlen lassen. Anschließend mit allen restlichen Zutaten mit den Knethaken des Handrührgeräts, alternativ in der Küchenmaschine oder auch mit den Händen, gut verkneten, bis ein geschmeidiger Teig entstanden ist.
5. Den Teig halbieren. Eine Teighälfte in eine Schüssel legen und an einem warmen Ort gehen lassen.
6. Die zweite Hälfte mit Backkakao und Milch durchkneten. Den Kakaoteig ebenso zugedeckt an einem warmen Ort gehen lassen.
7. Anschließend beide Teige auf bemehlten Arbeitsfläche mit einem Nudelholz zu einem Rechteck in Länge der Form ausrollen.
8. Die beiden Teigstücke übereinanderlegen und eng aufrollen. In die mit Backpapier ausgelegte Form geben und erneut zugedeckt ca. 30 Minuten gehen lassen.

9. Den Kuchen mit verquirltem Ei bestreichen.
10. Im vorgeheizten Backofen bei 180 °C Ober-/ Unterhitze 35–40 backen.
11. Auskühlen lassen.

Veganer Schokokuchen

ZUTATEN

100 g vegane Zartbitterschokolade

300 g Weizenmehl

135 g neutrales Speiseöl

270 g Zucker

50 g Backkakao

3 TL Backpulver

1 Pck. Vanillezucker

360 g Wasser

AUSSERDEM

150 g vegane Zartbitterschokolade

1. Die Schokolade klein hacken und langsam schmelzen und abkühlen lassen.
2. Anschließend alle Zutaten mit dem Mixer verrühren.
3. Den Teig in die mit Backpapier ausgelegte Form füllen, glatt streichen.
4. Im vorgeheizten Backofen bei 180 °C Ober-/Unterhitze ca. 50–60 Minuten backen.
5. Stäbchenprobe machen, Kuchen aus dem Ofen nehmen und auskühlen lassen.
6. Die Schokolade schmelzen lassen und den Kuchen damit beträufeln/garnieren.

TIPP:
Den Kuchen kann man zusätzlich mit Erdbeeren oder abgetropften Kirschen dekorieren.

Zucchini-Schoko-Nuss-Kuchen

ZUTATEN

3 Eier Größe M

180 g Zucker

150 ml neutrales Speiseöl

200 g gemahlene Haselnüsse

250 g fein geriebene Zucchini (nicht ausdrücken oder entwässern)

250 g Weizenmehl

2 TL Backpulver

½ TL Natron

2 EL Backkakao

1 TL Zimt

1 Pck. Vanillezucker

AUSSERDEM

150 g Zartbitter- oder Milchschokolade

2 EL Schokoladenstreusel

1. Alle Zutaten sollen Zimmertemperatur haben.
2. Die Eier und den Zucker mit dem Handrührgerät schaumig rühren, dann langsam das Öl dazugeben.
3. Übrige Zutaten hinzufügen und gut vermengen.
4. Den Teig in die mit Backpapier ausgelegte Form füllen, glatt streichen.
5. Im vorgeheizten Backofen bei 170 °C Ober-/Unterhitze ca. 45–50 Minuten backen.
6. Stäbchenprobe machen, Kuchen aus dem Ofen nehmen und auskühlen lassen.
7. Die Schokolade schmelzen lassen, den Kuchen damit beträufeln/garnieren und mit Schokoladenstreuseln bestreuen.

Cremig

Eierlikörkuchen mit Frischkäse-Topping

ZUTATEN

FÜR DEN TEIG

5 Eier Größe M

200 g Puderzucker

250 ml neutrales Speiseöl

250 ml Eierlikör

125 g Weizenmehl

125 g Kartoffelmehl

2 TL Backpulver

1 Pck. Vanillezucker

FÜR DAS TOPPING

125 g Frischkäse

100 g Puderzucker

2 EL Eierlikör

1. Die Eier schaumig rühren.
2. Anschließend den Zucker langsam einrieseln lassen, und weiter cremig rühren.
3. Nach und nach Öl sowie Eierlikör unter Rühren zufügen.
4. Die restlichen Zutaten hinzufügen und unterrühren.
5. Teig in eine mit Backpapier ausgelegte Form geben und glatt streichen.
6. Kuchen im vorgeheizten Backofen bei 180 °C Ober-/Unterhitze ca. 50 Minuten backen.
7. Stäbchenprobe machen, Kuchen aus dem Ofen nehmen und auskühlen lassen.
8. Für das Topping alle Zutaten glatt rühren, und auf dem Kuchen verstreichen.

Feiner Sandkuchen mit Frischkäse-Topping

ZUTATEN

FÜR DEN TEIG

200 g Butter
4 Eier Größe M
150 g Puderzucker
1 Pck. Vanillezucker
200 g Weizenmehl
1 TL Backpulver

FÜR DAS TOPPING

125 g Frischkäse
100 g Puderzucker
1–2 EL Zitronensaft

1. Die Butter schmelzen und abkühlen lassen.
2. Die Eier und den Zucker mit dem Handrührgerät schaumig rühren.
3. Die restlichen Zutaten hinzufügen und unterrühren.
4. Teig in eine mit Backpapier ausgelegte Form geben und glatt streichen.
5. Kuchen im vorgeheizten Backofen bei 180 °C Ober-/Unterhitze ca. 40 Minuten backen.
6. Stäbchenprobe machen, Kuchen aus dem Ofen nehmen und auskühlen lassen.
7. Für das Topping alle Zutaten glatt rühren und auf dem Kuchen verstreichen.

TIPPS:

Topping zusätzlich mit geraspelter weißer Schokolade dekorieren.

Der Kuchen schmeckt hervorragend auch ohne Topping oder einfach mit Puderzucker bestreut.

Cheesecake-Brownie-Wirbelkuchen,

verfeinert mit Erdnussbuttercreme

ZUTATEN

FÜR DEN TEIG

200 g Butter
100 g Zartbitterschokolade
100 g Vollmilchschokolade
3 Eier Größe M
200 g Zucker
135 g Weizenmehl
½ TL Backpulver

FÜR DIE QUARKFÜLLUNG

500 g Speisequark
100 g Zucker
2 Eier Größe M
1 Pck. Vanillepuddingpulver
100 ml Schlagsahne, 30 %

AUSSERDEM

ca. 6 TL Erdnussbutter

1. Butter und klein gehackte Schokolade zusammen in einem Topf langsam schmelzen lassen, dabei die ganze Zeit rühren. Leicht abkühlen lassen.
2. Eier mit Zucker schaumig schlagen, danach die Schokomasse hinzugeben und verrühren.
3. Anschließend mit Mehl und Backpulver vermengen.
4. Den Teig in die mit Backpapier ausgelegte Form füllen, glatt streichen.
5. Die Zutaten für die Quarkfüllung gut miteinander verrühren.
6. Die Masse sowie ca. 6 kleine Erdnussbutterkleckse auf dem Brownie-Teig verteilen, anschließend mit einer Gabel den Teig marmorartig vermischen (verzwirbeln).
7. Im vorgeheizten Backofen bei 180 °C Ober-/Unterhitze ca. 40–45 Minuten backen.
8. Kuchen aus dem Ofen nehmen, auskühlen lassen und nach Belieben mit Puderzucker bestreuen.

Himbeer-Cheesecake-Brownie

ZUTATEN

FÜR DEN TEIG

200 g Butter
200 g Zartbitterschokolade
3 Eier Größe M
200 g Zucker
135 g Weizenmehl
½ TL Backpulver

FÜR DIE KÄSEMASSE

500 g Speisequark
100 g Zucker
2 Eier Größe M
2 EL Kartoffelmehl
1 Pck. Vanillezucker
100 ml Schlagsahne, 30 %

AUSSERDEM

100 g weiße Schokolade
ca. 125 g Himbeeren

1. Butter und klein gehackte Schokolade zusammen in einem Topf langsam schmelzen lassen, dabei die ganze Zeit rühren. Leicht abkühlen lassen.
2. Eier mit Zucker schaumig schlagen.
3. Schokomasse hinzugeben und verrühren.
4. Anschließend mit Mehl und Backpulver vermengen.
5. Den Teig in die mit Backpapier ausgelegte Form füllen, glatt streichen.
6. Die Zutaten für die Käsemasse gut miteinander verrühren, auf dem Brownie verteilen und mit Himbeeren bestreuen.
7. Im vorgeheizten Backofen bei 180 °C Ober-/Unterhitze ca. 50–60 Minuten backen.
8. Stäbchenprobe machen, Kuchen aus dem Ofen nehmen und auskühlen lassen.
9. Die weiße Schokolade schmelzen lassen und den Kuchen damit beträufeln/garnieren.
10. Mit frischen Himbeeren dekorieren.

Himbeer-Kokos-Kuchen

mit frischer Mascarpone-Sahne-Honig-Creme

ZUTATEN

FÜR DEN TEIG

225 g Butter
220 g Zucker
3 Eier Größe M
300 g Weizenmehl
30 g Kartoffelmehl
80 g Kokosraspeln
90 ml Milch
3 EL Kokoslikör
2 TL Backpulver

FÜR DIE CREME

250 g Mascarpone
150 g Sahne
2 EL flüssiger Honig

AUSSERDEM

ca. 125 g Himbeeren

1. Die Zutaten sollen Zimmertemperatur haben.
2. Die Butter schaumig rühren und den Zucker und die Eier einrühren.
3. Die restlichen Zutaten hinzufügen und alles gut vermengen.
4. Teig in eine mit Backpapier ausgelegte Form geben und glatt streichen.
5. Im vorgeheizten Backofen bei 180 °C Ober-/Unterhitze ca. 50–60 Minuten backen.
6. Stäbchenprobe machen, Kuchen aus dem Ofen nehmen und auskühlen lassen.
7. Mascarpone, Sahne und Honig mit einem Mixer cremig aufschlagen, auf dem Kuchen glatt auftragen. Mit frischen Himbeeren dekorieren.

Kaffeekuchen

... aber bitte mit Sahne!

ZUTATEN

FÜR DEN TEIG

3 EL löslicher Kaffee
225 g weiche Butter
4 Eier Größe M
180 g Zucker
225 g Weizenmehl
1 TL Backpulver
¾ TL Natron
1 EL Backkakao

FÜR DIE SAHNECREME

200 g Sahne
250 g Mascarpone
ca. 3 EL Puderzucker
1 Pck. Vanillezucker
2 EL Schokoraspel
zum Dekorieren 1 EL Kaffeebohnen (optional)

1. Kaffee in 2 EL heißem Wasser lösen.
2. Die Butter schaumig rühren.
3. Eier und Zucker langsam dazugeben, und mit dem Handrührgerät weiter rühren.
4. Die restlichen Zutaten hinzufügen und unterrühren.
5. Teig in eine mit Backpapier ausgelegte Form geben und glatt streichen.
6. Im vorgeheizten Backofen bei 180 °C Ober-/Unterhitze ca. 35–40 Minuten backen.
7. Kuchen aus dem Ofen nehmen und auskühlen lassen.
8. Für die Sahnecreme Sahne steif schlagen.
9. Mascarpone mit Zucker, Vanillezucker und Schokoraspeln glatt rühren.
10. Sahne unter die Mascarpone heben. Die Creme etwa 15 Minuten kühlen.
11. Anschließend den Kuchen dekorieren und mit Kaffeebohnen bestreuen.

Karottenkuchen mit Frischkäse-Topping

ZUTATEN

FÜR DEN TEIG

2 Eier Größe M
200 g Zucker
150 ml neutrales Speiseöl
200 g klein geraspelte Karotten
50 g Kokosraspeln
50 g klein gehackte Walnüsse
200 g Weizenmehl
½ TL Backpulver
1 TL Natron
1 TL Zimt

FÜR DAS TOPPING

125 g Frischkäse
100 g Puderzucker
1–2 EL Zitronensaft

AUSSERDEM

klein gehackte Pistazien und 1 Möhre (optional)

1. Alle Zutaten sollen Zimmertemperatur haben.
2. Die Eier und den Zucker mit dem Handrührgerät schaumig rühren.
3. Langsam das Öl dazugeben.
4. Übrige Zutaten hinzufügen und alles gut vermengen.
5. Den Teig in die mit Backpapier ausgelegte Form füllen, glatt streichen.
6. Im vorgeheizten Backofen bei 180 °C Ober-/Unterhitze ca. 50–60 Minuten backen.
7. Stäbchenprobe machen, Kuchen aus dem Ofen nehmen und auskühlen lassen.
8. Für das Topping alle Zutaten glatt rühren und auf dem Kuchen verstreichen.
9. Nach Belieben mit Möhren und klein gehackten Pistazien dekorieren.

Mascarpone-Erdbeer-Törtchen

ZUTATEN

FÜR DEN BISKUITBODEN

3 Eier Größe M
160 g Puderzucker
50 g Weizenmehl
50 g Kartoffelmehl
½ TL Backpulver

FÜR DIE CREME

250 g Mascarpone
250 g Speisequark
2 TL Vanilleextrakt
2 EL Zitronensaft
ca. 100 g Puderzucker (nach Geschmack)

AUSSERDEM

ca. 250 g Erdbeeren
2–3 EL Puderzucker

1. Die Eier sollen Zimmertemperatur haben.
2. Die Eier trennen und das Eiweiß mit einem Handrührgerät steif schlagen.
3. Das Eigelb und den Zucker mit dem Handrührgerät schaumig rühren.
4. Anschließend vorsichtig mit steif geschlagenem Eiweiß vermengen.
5. Weizenmehl, Kartoffelmehl und Backpulver durchsieben und die Mehlmischung unter den Eischnee heben.
6. Teig vorsichtig in eine mit Backpapier ausgelegte Form geben und glatt streichen. Im vorgeheizten Backofen bei 180 °C Ober-/Unterhitze ca. 25–30 Minuten goldbraun backen.
7. Kuchen aus dem Ofen nehmen und auskühlen lassen. Anschließend die Form sauber machen und erneut mit Backpapier auslegen.
8. Die Zutaten für die Füllung gut miteinander verrühren. Kalt stellen.
9. Biskuitboden einmal in der Mitte längs durchschneiden. Den unteren Teil des Biskuits in die Form legen.
10. Die Mascarponecreme gleichmäßig darauf verstreichen, den oberen Teil des Biskuits auflegen.

11. Die Torte ca. 3–4 Stunden im Kühlschrank kalt stellen.
12. Danach vorsichtig aus der Form lösen. Eventuell die Seiten mit dem Messer glatt streichen.
13. Mit Erdbeeren dekorieren und mit Puderzucker bestreuen.

Mohn-Käse-Kuchen

ZUTATEN

FÜR DIE MOHNMASSE

50 g Milchschokolade

500 g Mohnfix (backfertige Mohnfüllung)

2 Eier Größe M

100 g gemahlene Mandeln

100 g weiche Butter

½ TL Mandelaroma

FÜR DIE QUARK-FÜLLUNG

500 g Speisequark

1 Ei Größe M

1 Pck. Vanillepuddingpulver

150 g Zucker

AUSSERDEM

Puderzucker zum Bestreuen

1. Die Schokolade schmelzen und auskühlen lassen.
2. Anschließend mit den restlichen Zutaten vermengen.
3. Für die Quarkfüllung alle Zutaten gut miteinander verrühren.
4. Anschließend mit einem separaten Löffel für jeden Teig abwechselnd etwas Mohnmasse und Quarkfüllung in die mit Backpapier ausgelegte Form geben.
5. Optional kann man den Teig mit einer Gabel leicht marmorartig vermischen (verzwirbeln).
6. Im vorgeheizten Backofen bei 180 °C Ober-/Unterhitze ca. 45–55 Minuten backen.
7. Stäbchenprobe machen, Kuchen aus dem Ofen nehmen und auskühlen lassen.
8. Mit Puderzucker bestreuen.

Quarkkuchen

ZUTATEN

FÜR DEN TEIG

200 g weiche Butter
240 g Zucker
1 Pck. Vanillezucker
4 Eier Größe M
250 g Speisequark
160 g Weizenmehl
2 TL Backpulver

AUSSERDEM

Puderzucker (optional)

1. Alle Zutaten sollen Zimmertemperatur haben.
2. Die Butter schaumig rühren.
3. Anschließend den Zucker sowie Vanillezucker langsam und portionsweise einrieseln lassen.
4. Nach und nach die Eier unter Rühren zufügen, danach den Speisequark schrittweise zugeben, bis eine gebundene Masse entstanden ist.
5. Mehl und Backpulver sieben und portionsweise auf mittlerer Stufe unterrühren.
6. Teig in die mit Backpapier ausgelegte Form füllen und glatt streichen.
7. Im vorgeheizten Backofen bei 180 °C Ober-/Unterhitze ca. 45 Minuten backen.
8. Stäbchenprobe machen und Kuchen aus dem Ofen nehmen.
9. Eventuell den Kuchen mit Puderzucker bestreuen.

Russischer Zupfkuchen

ZUTATEN

FÜR DEN MÜRBETEIG

225 g Weizenmehl
5 EL Zucker
30 g Kakao
1 TL Backpulver
150 g kalte Butter
1 Ei Größe M
1 Pck. Vanillezucker

FÜR DIE QUARKMASSE

750 g Speisequark, 20 %
120 g Zucker
1 Ei
1 Pck. Vanillepuddingpulver
1 Pck. Bourbon-Vanillezucker

1. Alle Zutaten für den Mürbeteig mit den Händen zu einem glatten Teig verarbeiten.
2. Zu einer Kugel formen und flach drücken. In Klarsichtfolie verpackt ca. 1 Stunde kalt stellen.
3. Gut die Hälfte des Mürbeteigs in eine mit Backpapier ausgelegte Form drücken.
4. Die Zutaten für die Quarkmasse in einer Rührschüssel mit einem Mixer zügig verrühren.
5. Füllung auf dem Teig verstreichen.
6. Den restlichen Teig in kleine Stücke zupfen und auf der Füllung verteilen.
7. Im vorgeheizten Backofen bei 180° Ober-/Unterhitze ca. 1 Stunde backen.
8. Auskühlen lassen.

Traumhafter Käsekuchen

ZUTATEN

FÜR DEN TEIG

1 kg Speisequark
200 g Zucker
5 Eier Größe M
125 g Schlagsahne
3 EL Vanillepuddingpulver
1 TL Vanilleextrakt

AUSSERDEM

150 g weiße Schokolade
ca. 250 g Obst nach Wahl, z. B Mango, Kiwi

1. Die Zutaten sollen Zimmertemperatur haben.
2. Alle Zutaten glatt rühren.
3. Teig in eine mit Backpapier ausgelegte Form geben und glatt streichen.
4. Im vorgeheizten Backofen bei 175 °C Ober-/Unterhitze 15 Minuten backen.
5. Anschließend die Temperatur auf 120 °C reduzieren und den Kuchen weitere 1½ Stunden backen.
6. Nach der Hälfte der Zeit den Kuchen mit Backpapier bedecken, damit er nicht zu braun wird.
7. Den Kuchen aus dem Ofen nehmen, auskühlen und über Nacht in den Kühlschrank stellen.
8. Schokolade grob zerkleinern, schmelzen lassen und den Kuchen damit beträufeln und mit Obst dekorieren.

Meine Lieblinge

Ameisenkuchen

ZUTATEN

FÜR DEN TEIG

4 Eier Größe M

200 g weiche Butter

150 g Zucker

200 g Weizenmehl

1 TL Backpulver

80 g Schokoladenstreusel

1 Pck. Vanillezucker

1 Prise Salz

AUSSERDEM

100 g weiße Schokolade

2 EL Schokoladenstreusel

1. Die Eier trennen und das Eiweiß mit einer Prise Salz steif schlagen und zur Seite stellen.
2. Anschließend die Butter schaumig rühren und den Zucker und das Eigelb einrühren.
3. Das Mehl mit dem Backpulver, den Schokoladenstreuseln, Vanillezucker und Salz vermischen und in die Masse einrühren.
4. Zum Schluss vorsichtig den Eischnee unterheben.
5. Teig in eine mit Backpapier ausgelegte Form geben, glatt streichen und im vorgeheizten Backofen bei 180 °C Ober-/Unterhitze ca. 45 Minuten backen.
6. Stäbchenprobe machen, Kuchen aus dem Ofen nehmen und auskühlen lassen.
7. Weiße Schokolade grob zerkleinern, schmelzen lassen und den Kuchen damit überziehen. Mit Schokoladenstreuseln bestreuen.

5 ml

Brioche

ZUTATEN

FÜR DEN TEIG

380 g Weizenmehl
30 g frische Hefe
50 g Puderzucker
100 ml warme Milch
170 g weiche Butter
3 Eier Größe M
1 Prise Salz

AUSSERDEM

1 Eigelb
1 EL Milch

1. Die Zutaten sollen Zimmertemperatur haben.
2. Das Mehl in eine Schüssel sieben, in die Mitte eine Vertiefung drücken.
3. Die Hefe zerbröckeln, mit 1 TL Zucker und 50 ml lauwarmer Milch verquirlen, in die Vertiefung gießen und zugedeckt an einem warmen Ort ca. 10–15 Minuten gehen lassen.
4. Butter schmelzen und abkühlen lassen. Anschließend mit allen restlichen Zutaten mit den Knethaken des Handrührgeräts, alternativ in der Küchenmaschine oder auch mit den Händen, gut verkneten, bis ein geschmeidiger Teig entstanden ist.
5. Den Teig abgedeckt ca. 1 Stunde an einem warmen Ort gehen lassen, bis er sein Volumen verdoppelt hat.
6. Hefeteig aus der Schüssel nehmen, auf einer bemehlten Arbeitsfläche durchkneten und in 6 Kugeln teilen
7. Hefeteigkugeln in die Kastenform setzen, abgedeckt an einem warmen Ort erneut ca. 10–15 Minuten gehen lassen.
8. Eigelb mit Milch verquirlen und die Brioche mit einem Pinsel vorsichtig verstreichen.
9. Im vorgeheizten Backofenbei 180 °C Ober-/Unterhitze ca. 30 Minuten goldgelb backen.

Honig-Lebkuchen

ZUTATEN

100 ml Milch
50 g Butter
100 g Honig
100 g Zucker
3 Eier Größe M
230 g Weizenmehl
1 TL Backpulver
1 TL Natron
10 g Lebkuchengewürz

1. Milch, Butter, Honig und Zucker zusammen in einem Topf langsam schmelzen lassen, dabei ganze Zeit rühren. Leicht abkühlen lassen.
2. Die Eier trennen. Eiweiß steif schlagen.
3. Zu der leicht abgekühlte Masse die restlichen Zutaten außer dem Eiweiß hinzufügen und alles gut verrühren. Am Ende das Eiweiß unterheben.
4. Die Form mit Backpapier auslegen und den Teig einfüllen, glatt streichen.
5. Im vorgeheizten Backofen bei 180 °C Ober-/Unterhitze ca. 40–50 Minuten backen.
6. Stäbchenprobe machen und auskühlen lassen.

TIPP:
Statt Lebkuchengewürz kann man 1–2 TL Zimt verwenden.

Kindergeburtstags-Kuchen

ZUTATEN

200 g Butter
4 Eier Größe M
120 g Zucker
1 Pck. Vanillezucker
200 g Weizenmehl
100 g feine Speisestärke
1 ½ TL Backpulver

AUSSERDEM

200 g Milchschokolade
1 Tüte Gummibärchen nach Wahl

1. Die Butter schmelzen und abkühlen lassen.
2. Die Eier und den Zucker mit dem Handrührgerät schaumig rühren.
3. Die restlichen Zutaten hinzufügen und unterrühren.
4. Teig in eine mit Backpapier ausgelegte Form geben und glatt streichen.
5. Im vorgeheizten Backofen bei 180 °C Ober-/Unterhitze ca. 45 Minuten backen.
6. Stäbchenprobe machen, Kuchen aus dem Ofen nehmen und auskühlen lassen.
7. Die Schokolade schmelzen lassen, den Kuchen mit der Schokolade bestreichen und nach Belieben mit Gummibärchen dekorieren.

BISTROT
Café
Cappuccino
ENJOY

Nusskuchen

ZUTATEN

4 Eier Größe M

200 g Zucker

200 g Weizenmehl

200 g gemahlene Nüsse (Haselnüsse/Walnüsse)

200 g weiche Butter

2 TL Backpulver

5 EL Milch

AUSSERDEM

ca. 3 EL Puderzucker

1. Die Zutaten sollen Zimmertemperatur haben.
2. Eier und Zucker mit dem Handrührgerät schaumig rühren.
3. Die restlichen Zutaten hinzufügen und unterrühren.
4. Teig in eine mit Backpapier ausgelegte Form geben und glatt streichen.
5. Im vorgeheizten Backofen bei 180 °C Ober-/Unterhitze ca. 50 Minuten backen.
6. Stäbchenprobe machen, Kuchen aus dem Ofen nehmen und auskühlen lassen.
7. Anschließend mit Puderzucker bestreuen.

TIPP:

Wenn Sie kein Hokkaidokürbispüree bekommen, können Sie es mit einem frischen Kürbis auch selbst herstellen: Den Backofen auf 180 °C Ober-/Unterhitze vorheizen.

Den Kürbis waschen, Kerne und Fasern entfernen und in grobe Würfel schneiden. Auf ein mit Backpapier belegtes Backblech legen.

Die Kürbisstücke im Ofen ca. 30 Minuten backen, bis das Fruchtfleisch weich ist.

Kürbisstücke in eine Schüssel umfüllen. Mit einem Pürierstab fein pürieren oder mit einer Gabel zu Püree zerdrücken.

Saftiger Hokkaido-Kürbiskuchen

ZUTATEN

200 g weiche Butter
240 g Zucker
3 Eigelb Größe M
250 g Hokkaidokürbispürree
280 g Weizenmehl
1 TL Backpulver
1 TL Natron
1 Pck. Vanillezucker
abgeriebene Schale von 1 Bio-Orange
½ TL Zimt

1. Alle Zutaten sollen Zimmertemperatur haben.
2. Die Butter schaumig rühren und den Zucker und das Eigelb einrühren.
3. Kürbispüree unterheben.
4. Anschließend die restlichen Zutaten hinzufügen und alles gut miteinander mischen.
5. Teig in eine mit Backpapier ausgelegte Form geben, glatt streichen.
6. Im vorgeheizten Backofen bei 180 °C Ober-/Unterhitze ca. 45 Minuten backen.
7. Stäbchenprobe machen und Kuchen aus dem Ofen nehmen.

Streuselkuchen

ZUTATEN

FÜR DEN TEIG

300 g Weizenmehl
25 g frische Hefe
45 g Zucker
125 ml Milch
1 Ei Größe M
50 g Butter
1 Pck. Vanillezucker

FÜR DIE STREUSEL

2 EL Butter
2 EL Zucker
2 EL Mehl
1 Pck. Vanillezucker

AUSSERDEM

1 Ei

1. Die Zutaten sollen Zimmertemperatur haben.
2. Das Mehl in eine Schüssel sieben, in die Mitte eine Vertiefung drücken.
3. Die Hefe zerbröckeln, mit 1 TL Zucker und 50 ml lauwarmer Milch verquirlen, in die Vertiefung gießen und zugedeckt an einem warmen Ort ca. 10–15 Minuten gehen lassen.
4. Butter schmelzen lassen, abkühlen. Anschließend mit allen restlichen Zutaten mit den Knethaken des Handrührgeräts, alternativ in der Küchenmaschine oder auch mit den Händen, gut verkneten, bis ein geschmeidiger Teig entstanden ist.
5. Den Teig abgedeckt an einem warmen Ort gehen lassen, bis er sein Volumen verdoppelt hat.
6. Die Zutaten für die Streusel zu groben Streuseln verarbeiten.
7. Nach der Ruhezeit den Teig auf einer mit Mehl bestreuten Arbeitsfläche leicht durchkneten.
8. Anschließend in die mit Backpapier ausgelegte Form geben und erneut abgedeckt für 20 Minuten gehen lassen.
9. Den Teig vorsichtig mit verquirltem Ei (Zimmertemperatur) bestreichen und mit Streuseln bestreuen.
10. Im vorgeheizten Backofen bei 180 °C Ober-/Unterhitze ca. 35–40 Minuten goldbraun backen.

Herzhaft

Brot mit Speck

ZUTATEN

ca. 150 g kleine Speckwürfel
etwas Butter
500 g Weizenmehl
25 g frische Hefe
1 TL Zucker
300 ml lauwarme Milch

AUSSERDEM

1 Ei
1 EL Schwarzkümmel

1. Speck mit etwas Butter leicht anrösten, und anschließend auf einem Küchenpapier abkühlen lassen.
2. Das Mehl in eine Schüssel sieben, in die Mitte eine Vertiefung drücken.
3. Die Hefe zerbröckeln, mit 1 TL Zucker und 50 ml lauwarmer Milch verquirlen, in die Vertiefung gießen und zugedeckt an einem warmen Ort ca. 10–15 Minuten gehen lassen.
4. Anschließend mit allen restlichen Zutaten gut verkneten, bis ein geschmeidiger Teig entstanden ist.
5. Den Speck dazugeben und unterkneten.
6. Den Teig ca. 1 Stunde abgedeckt an einem warmen Ort gehen lassen, bis er sein Volumen verdoppelt hat.
7. Nach der Ruhezeit den Teig auf einer mit Mehl bestreuten Arbeitsfläche leicht durchkneten.
8. Anschließend in die mit Backpapier ausgelegte Form geben und erneut abgedeckt für ca. 20 Minuten gehen lassen.
9. Den Teig mit verquirltem Ei bestreichen und mit Schwarzkümmel bestreuen.
10. Im vorgeheizten Backofen bei 180 °C Ober-/Unterhitze ca. 40 Minuten goldbraun backen.

Dinkelbrot

ZUTATEN

500 g Dinkelmehl
30 g frische Hefe
2 TL Zucker
1 TL Salz
400 ml lauwarmes Wasser
2 EL Sonnenblumenkerne

1. Das Mehl in eine Schüssel sieben, in die Mitte eine Vertiefung drücken.
2. Die Hefe zerbröckeln, mit 1 TL Zucker und 50 ml lauwarmem Wasser verquirlen, in die Vertiefung gießen und zugedeckt an einem warmen Ort ca. 10–15 Minuten gehen lassen.
3. Anschließend mit allen restlichen Zutaten gut verkneten, bis ein geschmeidiger Teig entstanden ist.
4. Den Teig ca. 1 Stunde abgedeckt an einem warmen Ort gehen lassen, bis er sein Volumen verdoppelt hat.
5. Nach der Ruhezeit den Teig auf einer mit Mehl bestreuten Arbeitsfläche leicht durchkneten.
6. Anschließend in die mit Backpapier ausgelegte Form geben, nach Belieben eventuell mit 1 EL Sonnenblumenkernen bestreuen und erneut abgedeckt für 20 Minuten gehen lassen.
7. Im vorgeheizten Backofen bei 180 °C Ober-/Unterhitze ca. 60 Minuten backen.

Kräuter-Zupfbrot

ZUTATEN

500 g Weizenmehl
30 g frische Hefe
1 TL Zucker
180 ml lauwarmes Wasser
3 Eigelb
50 g geschmolzene Butter
½ TL Salz

AUSSERDEM

150 g Butter
3 Knoblauchzehen
3 EL frische gehackte Kräuter, z. B Petersilie

1. Das Mehl in eine Schüssel sieben, in die Mitte eine Vertiefung drücken.
2. Die Hefe zerbröckeln, mit 1 TL Zucker und 50 ml lauwarmen Wasser verquirlen, in die Vertiefung gießen und zugedeckt an einem warmen Ort ca. 10–15 Minuten gehen lassen.
3. Anschließend alle anderen Zutaten und das restlichen Wasser dazugeben und gut verkneten, bis ein geschmeidiger Teig entstanden ist.
4. Den Teig abgedeckt ca. 1 Stunde an einem warmen Ort gehen lassen, bis er sein Volumen verdoppelt hat.
5. Nach der Ruhezeit den Teig auf einer mit Mehl bestreuten Arbeitsfläche leicht durchkneten.
6. Den Teig in 8 Portionen teilen und jede Portion zu einer Kugel formen. Diese nebeneinander in die mit Backpapier ausgelegte Form legen.
7. Noch einmal abgedeckt mindestens 20 Minuten gehen lassen.
8. Die Knoblauchzehen pressen. Butter schmelzen lassen, den Knoblauch und die Kräuter dazugeben und vermischen.
9. Vorsichtig mit einem Pinsel über dem Teig verteilen.
10. Im vorgeheizten Backofen bei 180 °C ca. 40–45 Minuten goldbraun backen.

Olivenbrot

ZUTATEN

160 g Oliven

500 g Weizenmehl

25 g frische Hefe

1 TL Zucker

300 ml lauwarme Milch

AUSSERDEM

1 Ei

3–4 Oliven

1. Oliven ggf. entsteinen und klein schneiden.
2. Das Mehl in eine Schüssel sieben, in die Mitte eine Vertiefung drücken.
3. Die Hefe zerbröckeln, mit 1 TL Zucker und 50 ml lauwarmer Milch verquirlen, in die Vertiefung gießen und zugedeckt an einem warmen Ort ca. 10–15 Minuten gehen lassen.
4. Anschließend zusammen mit den restlichen Zutaten gut verkneten, bis ein geschmeidiger Teig entstanden ist.
5. Die Oliven dazugeben und unterkneten.
6. Den Teig ca. 1 Stunde abgedeckt an einem warmen Ort gehen lassen, bis er sein Volumen verdoppelt hat.
7. Nach der Ruhezeit den Teig auf einer mit Mehl bestreuten Arbeitsfläche leicht durchkneten.
8. Anschließend in die mit Backpapier ausgelegte Form geben und erneut abgedeckt für 20 Minuten gehen lassen.
9. Den Teig vorsichtig mit verquirltem Ei (Zimmertemperatur) bestreichen und mit klein geschnittenen Oliven dekorieren.
10. Im vorgeheizten Backofen bei 180 °C Ober-/ Unterhitze ca. 40–45 Minuten goldbraun backen.

Tomato
"SOLANUM LYCOPERSICUM"

Pizzabrot

ZUTATEN

500 g Weizenmehl
30 g frische Hefe
3 Eigelb
50 g geschmolzene Butter
1 TL Zucker
½ TL Salz
180 ml lauwarmes Wasser

AUSSERDEM

1 rote Paprikaschote
80 g Mais (Dose)
1 Ei
80 g geriebener Käse

1. Das Mehl in eine Schüssel sieben, in die Mitte eine Vertiefung drücken.
2. Die Hefe zerbröckeln, mit 1 TL Zucker und 50 ml lauwarmem Wasser verquirlen, in die Vertiefung gießen und zugedeckt an einem warmen Ort ca. 10–15 Minuten gehen lassen.
3. Anschließend mit allen restlichen Zutaten gut verkneten, bis ein geschmeidiger Teig entstanden ist.
4. Die Paprika in kleine Würfel schneiden. Abgetropften Mais dazugeben und unter den Teig kneten.
5. Den Teig ca. 1 Stunde abgedeckt an einem warmen Ort gehen lassen, bis er sein Volumen verdoppelt hat.
6. Nach der Ruhezeit den Teig auf einer mit Mehl bestreuten Arbeitsfläche erneut kneten.
7. Anschließend in die mit Backpapier ausgelegte Form geben und erneut abgedeckt für 20 Minuten gehen lassen.
8. Den Teig mit verquirltem Ei (Zimmertemperatur) bestreichen und mit Käse bestreuen.
9. Im vorgeheizten Backofen bei 180 °C Ober-/Unterhitze ca. 40–45 Minuten goldbraun backen.

UTENSILS

Zutatenregister

Bibliografische Information der Deutschen Nationalbibliothek
Die Deutsche Nationalbibliothek verzeichnet diese Publikation in der Deutschen Nationalbibliografie. Detaillierte bibliografische Daten sind im Internet über http://d-nb.de abrufbar.

Für Fragen und Anregungen
info@rivaverlag.de

Wichtiger Hinweis
Ausschließlich zum Zweck der besseren Lesbarkeit wurde auf eine genderspezifische Schreibweise sowie eine Mehrfachbezeichnung verzichtet. Alle personenbezogenen Bezeichnungen sind somit geschlechtsneutral zu verstehen.

Originalausgabe
1. Auflage 2022

Türkenstraße 89
80799 München
Tel.: 089 651285-0
Fax: 089 652096

Redaktion: Stephanie Kaiser-Dauer
Umschlaggestaltung: Pamela Machleidt
Umschlagabbildungen und Abbildungen Innenteil: Sylwia Erdmanska-Kolanczyk
Satz: Sania Haschemi für Pageturner Production GmbH
Druck: Florjancic Tisk d.o.o., Slowenien
Printed in the EU

ISBN Print 978-3-7423-2191-6
ISBN E-Book (PDF) 978-3-7453-1954-5
ISBN E-Book (EPUB, Mobi) 978-3-7453-1955-2